AF279043

LA RÉVOLUTION DE 1870

PAR ÉMILE OLLIVIER

PRIX : **50** CENTIMES.

DÉPOT :

A MONTPELLIER, CHEZ CALAS, LIBRAIRE

Place de la Préfecture,

ET CHEZ LES PRINCIPAUX LIBRAIRES.

1871

Montpellier, imp. L. Cristin et C⁰, rue Vieille-Intendance, 5.

INTRODUCTION.

Mon but, lecteur, n'est point de tracer ici l'histoire de ces faits que nous connaissons tous ; je veux simplement en étudier le côté philosophique, pour faire naître, de ses véritables causes, la Révolution de 1870.

Je serai forcé, à ce propos, de relever une erreur historique commise, par l'opinion publique, au sujet d'un homme qui a joué, dans nos derniers événements politiques, un rôle peu connu encore et, qu'en raison de son importance, je m'efforcerai de faire connaître. Mon opinion sur ce point ne sera certainement pas agréée de tous, elle sera même vivement combattue, mais je ne désespère pas de la voir triompher un jour.

J'ose demander à n'être jugé qu'après avoir été bien approfondi, car j'ai médité longtemps avant d'écrire, et le résultat de mes longues réflexions a été de m'attacher solidement à la force et à la vérité des choses.

J'ai peut-être tort d'exiger un pareil jugement, car, il faut l'avouer, notre malheur en France est toujours le fanatisme : nous ne pouvons nous résoudre à considérer une affaire politique avec la simple raison ; il nous faut voir avec les yeux du sentiment et nous enthousiasmer pour des mots sonores, pour de beaux discours.

D'ailleurs, ceux qui sortent d'une révolution sont rarement en état de la juger, parce qu'ils n'ont pas la force de renoncer aux souvenirs, aux vengeances, à toutes les passions, qui jamais ne peuvent être des juges impartiaux et qui causent encore des impressions dans l'esprit, lors même qu'elles ne troublent plus l'âme.

Cependant je n'ai pas cru devoir, pour ces raisons, garder pour moi seul le fruit de mes réflexions, en pensant que je pourrais, peut-être, me rendre utile aux autres !

J'aurai pu, dans un pareil sujet, m'étendre longuement et offrir, déduites naturellement des faits, de grandes et utiles leçons à des lecteurs impartiaux, mais le moment où ces lignes doivent paraître me laissant bien peu d'espoir de trouver l'impartialité que je réclame ; j'ai dû me borner à résumer le plus brièvement possible mes idées, laissant au lecteur le droit de me compléter et de me commenter. Ceux qui m'entendront bien, devineront ce que j'ai laissé de dire et me sauront peut-être gré d'avoir su contenir ma plume, quand mon cœur et ma tête étaient si remplis.

LA RÉVOLUTION DE 1870

PAR ÉMILE OLLIVIER

CAUSES DE LA RÉVOLUTION.

Un des grands faits de notre histoire contemporaine, un fait-époque dans la vie d'un peuple, c'est cette Révolution qui, commencée dans les premiers jours de 1870 par un pacifique mouvement libéral, devait, entre les mains d'un homme de cœur, conduire l'Empire au tombeau et la France au gouvernement républicain.

Cette révolution, pas plus que celle de 89, de 48 et toutes les autres, n'a été l'effet du hasard. On a dit souvent que celle de 48 fut une surprise pour tous les partis, un coup inexplicable ; mais il n'en est pas moins vrai que, si le terrain libéral n'avait

été préparé, la République n'aurait point été pro-
clamée et surtout conservée pendant quatre ans.
En politique, le mot hasard ne peut signifier qu'une
chose : la paresse de l'esprit, qui fait de ce mot la
cause des faits dont il ne veut point prendre la
peine de rechercher l'origine.

Quelles sont donc les causes de la Révolution de
1870?

L'odieuse naissance du second Empire pouvait
bien déjà faire présumer qu'un trône élevé sur le
meurtre, les violences, les coups d'État, n'aurait
pas longue durée. L'amour des principes de 89,
de 93, fortement enracinés dans l'homme, et plus
fort que l'homme, avait fait deux révolutions ; n'en
pourrait-il point faire une troisième ?

Après le coup d'État, le parti libéral, réduit au
silence par les déportations et les vexations de
toute sorte, devenues nécessaires à l'établissement
de l'usurpateur, put bien un instant paraître dé-
truit, mais il ne le fut pas ; loin de là, leurré par
celui-là même qui s'était mis à sa tête, il ne devint
que plus acharné, quoique considérablement réduit.
Dans le silence auquel il est condamné, il prépare
sourdement la lutte en faisant des adeptes, qui ne
tardèrent pas à devenir nombreux, lorsqu'à l'en-
gouement que la guerre d'Italie avait fait témoi-
gner au nouveau Bonaparte, et qui lui valut le
trône, succéda la défiance et la haine, engendrées

par les folies et le despotisme de la nouvelle cour. Il va croissant et gagnant du terrain chaque jour ; à toutes les élections il remporte de nouvelles victoires ; il compte bientôt le nombre des députés qu'il envoie à la Chambre ; désormais, il pourra élever la voix et montrer au Gouvernement qu'il faut encore compter avec lui.

D'autre part, le caractère libéral de l'opinion publique, dans les grands centres, commence à se dessiner avec netteté, par l'indignation qu'elle manifeste à propos des attentats si nombreux commis contre le faible reste de la liberté escamotée.

Dans cet état de choses, une lutte est inévitable, et le moment où elle éclatera sera celui où le parti libéral se trouvera assez puissant pour forcer le Gouvernement à satisfaire à ses légitimes exigences.

En 1869, on pouvait voir de grands changements opérés depuis dix ans dans la situation des divers états de l'Europe. Des puissances s'étaient formées, d'autres s'étaient accrues, toutes avaient marché à grand pas dans la voie du progrès : la France seule était restée stationnaire. Le Gouvernement, s'appuyant à l'intérieur sur la ruralité qui forme la grande majorité de la nation, lui prodigue toutes les faveurs susceptibles d'augmenter sa prospérité matérielle, pour lui faire oublier dans un grossier bien-être qu'elle est tenue par politique dans l'ignorance la plus complète.

Ce serait vraiment une étude intéressante que d'examiner sur ce point la conduite du Gouvernement impérial. D'un côté, il ne pouvait, aux yeux de ce qu'il y avait d'intelligent et d'éclairé dans la nation, négliger complétement une branche aussi importante que l'instruction, sans trahir ses coupables desseins ; de l'autre, il ne pouvait la favoriser sans travailler à sa ruine ; car il voyait bien que, dès le moment où les masses seraient instruites, elles se récrieraient contre une si ignoble politique, et revendiqueraient leur liberté et leur droit de marcher à la hauteur du jour. Que va-t-il faire dans cette situation ? Rien en réalité ; mais il va cependant, pour se justifier, se donner les apparences de faire quelque chose. Dans l'instruction primaire, sur laquelle doivent se porter les yeux et les égards d'un Gouvernement qui veut le progrès d'un peuple, on fait construire des écoles, on augmente leur mobilier, mais on ne fait rien pour améliorer la condition du corps enseignant, qui, dans l'état où il est réduit, ne pourra jamais recruter des hommes capables de répondre aux besoins pour lesquels ils sont appelés ; des écoles mêmes restent fermées pour ne pas offrir un salaire suffisant à l'instituteur ou à l'institutrice (1). On

(1) Je pourrais citer des communes où le traitement de l'institutrice ne dépasse point 300 fr.

s'attache au superflu, on passe sur le nécessaire. Dans l'instruction supérieure, c'est pis encore. Tandis que l'Allemagne multipliait ses universités, qu'elle créait de vastes laboratoires dotés des meilleurs instruments, la France ne donnait qu'une attention bien distraite à ses établissements d'instruction supérieure, et les laissait dans la plus extrême indigence. Cependant, pour se donner l'apparence de faire quelque chose, on envoie en 1863 un homme d'esprit et de bon sens, M. Jacoud, étudier l'organisation des universités en Allemagne. Celui-ci fait connaître, dans son rapport, les causes de la supériorité de l'instruction en Allemagne, et montre les remèdes à la faiblesse de la nôtre; malheureusement on ne tient nul compte de ses sages avis.

Un Gouvernement qui néglige ainsi le premier élément de progrès d'un peuple, ne peut guère faire pour sa puissance. Les autres états de l'Europe accroissent leurs forces par des réformes militaires; la France seule s'en tient à son ancien système. Ici encore, tout en ne rien faisant, on veut paraître faire quelque chose. C'est, cette fois, le colonel Stoffel qu'on envoie en Allemagne étudier la nouvelle organisation militaire, la force de la Prusse, sous prétexte d'en tirer profit pour la réforme à opérer en France; d'excellentes choses sont rapportées, mais on n'en tient nul compte; on ne le peut, car réformer notre organisation militaire à l'instar de la Prusse, ce serait abolir l'armée permanente et faire une nation armée. Or, Napoléon ne peut consentir à l'abolissement de l'armée permanente, son appui et toujours son meilleur argument, pour donner des armes à ceux qui s'en serviraient contre lui. Aussi, sacrifiant l'intérêt de la France au sien, il s'en tient à l'ancien système, entretient de brillantes troupes, toujours prêtes à le soutenir et à faire un coup d'État, mais tout-à-fait insuffisantes en cas d'une guerre sérieuse.

Extérieurement, on se soutient par la trompeuse gloriole de quelques ridicules guerres, qui ne furent pour la plupart que des fautes politiques bêtement commises. Il faut dire cependant, pour être juste, qu'elles avaient toutes un but, puisqu'elles étaient nécessaires à l'établissement d'une dynastie encore mal assise sur un trône usurpé. Tantôt c'est une guerre entreprise pour faire diversion aux dangereuses discussions du Corps législatif, tantôt c'en est une autre faite pour préparer un coup d'État, tantôt c'est une expédition entreprise pour se concilier un parti (1).

(1) C'est ainsi, par exemple, que la guerre d'Italie fut, en 1859, une nécessité pour Napoléon préparant un coup d'État. Et c'est justement parce que cette guerre ne fut point faite dans un intérêt italien, mais dans l'intérêt de la dynastie napoléonienne, que les Italiens furent si peu reconnaissants à

Tel était le triste état de la France réduite, aux yeux des autres nations pensant toutes au solide et se livrant aux réformes les plus utiles, à n'être que le jouet banal et servile d'un jongleur.

En 1869, l'opinion libérale, devenue puissante, se récrie contre cette politique qui tend à abaisser la nation, à la laisser en arrière des autres dans la voie du progrès, et qui, si elle est continuée, la conduira et la précipitera infailliblement dans un mortel abîme de décadence. L'opposition énergique de la gauche à la Chambre, les rares cris que fait entendre la presse, quoique tyrannisée, ouvrent enfin les yeux à l'Empereur. Celui-ci, en face du progrès et de la force de l'opinion libérale, devenue l'opinion publique, à laquelle il a rendu le juste hommage de dire qu'elle doit toujours avoir le dernier mot, n'ose pas soutenir la lutte à laquelle il est provoqué; il préfère plier sous sa

la France et à l'Empereur. Plus tard, une autre guerre fut faite encore en Italie, mais toujours dans un intérêt français ou du moins napoléonien; car cette expédition à Rome donnait au Gouvernement l'appui de tout le clergé. Ainsi, après avoir aidé la formation de l'Italie, la politique impériale veut l'entraver, en voulant maintenir Rome au pouvoir du Pape, comme si Rome eût préféré le despotisme pontifical au régime constitutionnel qui gouvernait tout le reste de l'Italie. C'est une grande inconséquence; mais une inconséquence coûte bien peu à un chef d'État, quand il s'agit de son intérêt personnel.

pression. Longtemps contre le parti libéral, il va se mettre maintenant avec lui, non qu'il veuille le suivre dans sa marche, mais pour le gagner par la ruse, incapable de le gagner par la force. Il va inaugurer une ère de liberté, se mettre lui-même à la tête d'un prétendu mouvement libéral, en promettant ou en faisant des concessions qu'il n'accordera pas, ou qu'il retirera plus tard, agissant toujours suivant son éternelle maxime : *Accorder et retirer ensuite, lâcher un instant les rênes pour les retirer aussitôt et les tenir de plus court.* Il ne se propose rien moins, en définitive, que de tromper une seconde fois le parti qu'il a trompé le 2 Décembre.

Comment va-t-il le faire? Sa conduite était difficile ; satisfaire, en effet, aux exigences menaçantes d'un parti adversaire, sans engager d'autre part ses intérêts, c'était sa pénible tâche. Son premier pas ne fut cependant pas impolitique, bien qu'à vrai dire il lui fut imposé par les circonstances. Il faut avant tout, empêcher l'orage d'éclater ; pour cela que faut-il? se concilier ses ennemis, tout en conservant ses amis.

Il y a en ce moment un homme, et un seul en France, qui puisse répondre aux desseins de l'Empereur, qui puisse servir de trait-d'union entre les deux partis en lutte : c'est Emile Ollivier tenant à la gauche par ses convictions et sa conduite passée, attirant la droite par sa modération présente ; c'est celui qui, dans une situation aussi délicate, peut inspirer le plus de confiance et le plus de calme, c'est *l'homme du moment.* L'Empereur eut le bon sens de l'appeler auprès de lui sous prétexte de le charger des réformes libérales que demandait le pays, mais en se promettant bien de le gagner et d'en faire un servile instrument de ses intérêts et de ses volontés. On trouverait étrange cependant, qu'il se fût remis inconsidérément à la merci d'un homme, dont la conquête était encore à faire. Aussi devons-nous dire pour la parfaite intelligence des choses, qu'il n'agissait ainsi, que parce qu'il était assuré d'avoir toujours pour lui, quoi qu'il arrive, l'appui du Sénat, de la majorité du Corps législatif et de l'Armée, corps de réserve toujours prêts les uns et les autres à se lever comme un seul homme quand il s'agirait de le soutenir sur son trône, de l'aider à reconquérir sur le peuple, ce vil jouet des souverains, ce qu'il a fallu lui accorder un instant pour le calmer en l'amusant. C'est ainsi que Napoléon écartait le danger qui le menaçait, paraissant satisfaire aux exigences du parti libéral, en appelant auprès de lui un ministre de la gauche, mais ne compromettant en rien ses intérêts.

Emile Ollivier, répondant à l'appel de l'Empereur, monte au pouvoir et constitue un ministère.

Tel est le début de cette Révolution de 1870; elle est préparée pour frapper l'Empereur; mais celui-ci a le talent de s'en saisir, et c'est lui qui la dirigera à son gré.

Il y a pour l'usurpateur qui veut se maintenir au pouvoir deux voies susceptibles de le conduire à son but : ou bien il doit régner par la crainte et la force en faisant massacrer tout ce qui peut lui porter ombrage, ou bien faire oublier son usurpation par un règne paternel et libéral. La seconde voie qui aurait bien réussi, Napoléon ne l'a suivie qu'en apparence; celle qu'il a réellement suivie, la première, lui était conseillée par Machiavel (1); malheureusement elle ne pouvait plus réussir à notre époque, comme au temps où elle fut préconisée, car le tyran n'a plus aujourd'hui à lutter contre un tyran rival, qu'on puisse faire assassiner, mais contre des principes que les cruautés, les menaces, loin de les détruire, ne font que rendre plus forts. Aussi pouvons-nous dire de cette Révolution ce que M. de Moltke disait de la guerre de

(1) *Tra tutti i principi, al principe nuovo e impossibile fugire il nome di crudele, per essere gli stati nuovi pieni di pericoli.* (Machiavel, *Il principe.*) De même Virgile fait dire à Didon, pour excuser la cruauté de son règne :

> Res dura et regni novitas me talia cogunt
> Moliri, et late fines custode tueri.

1866 : « C'était une nécessité historique qui devait nécessairement arriver tôt ou tard » ; c'était une conséquence de la conduite erronée de l'Empereur.

RÉVOLUTION.

Après avoir fait naître la révolution de ses véritables causes, nous devons l'étudier dans sa marche, et voir comment ce mouvement libéral inauguré par l'Empereur, en apparence si pacifique, fut suivi de ce grand coup qui lui mérite véritablement le nom de Révolution. Pour nous mettre en parfaite en harmonie avec les faits, pour mieux voir la suite des événements, nous la diviserons en deux périodes qui, ce me semble, sont parfaitement tranchées et ont chacune leur caractère spécifique.

I.

RÉVOLUTION IMPÉRIALE.

La première période s'étend du 2 janvier au plébiscite. Elle ne mérite guère le nom de Révolution ; mais comme la seconde qui le mérite à bon titre est une conséquence de la première, nous le lui accorderons, et nous l'appellerons

Révolution impériale, parce qu'elle fut faite *par l'Empereur et pour l'Empereur*.

L'avénement du ministère Ollivier fut un coup d'étonnement général; il fut regardé comme le commencement d'une politique nouvelle qui, au fond, était cependant toujours la même, ce que nous avons assez fait voir précédemment. Les uns disaient que c'était « un mouvement de progrès sans violence, de liberté sans révolution »; d'autres avec M. Jules Brame, que c'était une Révolution pacifique et la plus admirable des temps modernes. Mais quoi qu'il en soit, un premier résultat est obtenu : l'orage dont le Gouvernement s'était vu menacé est écarté. Monarchiste, libéral, tous paraissent satisfaits : celui-ci croit avoir pris la voie des réformes libérales ; celui-là croit être arrivé au véritable régime constitutionnel, ou, s'il est partisan du droit divin, son imagination lui fait entrevoir une anarchie ménagée dans les desseins de la Providence pour le triomphe du droit ! C'est un moment de contentement général et partant de tranquillité.

Malheureusement il ne fut pas de longue durée, car bientôt revenus de leur étonnement, l'impérialiste et le constitutionnel croient tout perdu et se croient être sur l'abîme d'une sanglante révolution, parce que la gauche a monté au pouvoir ; le libéral qui a cru un instant avoir pris une voie libérale, ne peut cependant allier dans son esprit la liberté à l'Empire, et commence à se méfier d'Emile Ollivier. C'est, après un court moment de joie, le conflit de toutes les opinions, de toutes les interprétations.

Il faut bien le reconnaître, ce ministère, qui a plù à tout le monde le jour de sa formation, ne satisfaisait et ne rassurait personne, lorsque, revenus de cette exaltation générale du moment, les esprits se portèrent sur sa conduite. Ses premiers pas sont sans décision, et tout semble livré aux mains du hasard. A la Chambre, qui attire les yeux de la nation inquiète, la gauche s'explique, la droite s'explique ; le Gouvernement vient pour s'expliquer à son tour, et au bout de tant d'explications, le pays, qui suit attentivement la marche que vont prendre les choses, plus impatient que jamais de démêler la vérité, se demande encore où il est, ce qu'on veut faire et comment on va le faire. L'entente même n'existe pas entre les éléments si disparates *de ce cabinet homogène ;* contrairement à ses collègues, Émile Ollivier appuie la voix de ceux qui demandent la dissolution de la vieille Chambre, et prêche même la neutralité du Gouvernement dans les élections. Cette conduite d'hésitations, d'incertitudes, de demi-mesures du ministère, l'inactivité de la Chambre, le défilé de toute sorte de personnages dans les salons des ministères, le renvoi des projets d'un ministre au Conseil d'État, du Conseil d'État à une commission, sans jamais aboutir à un résultat quelconque, tout cela était de nature à inquiéter le pays. Le ministère se soutient cependant, grâce à « la considération et à la bonne renommée des hommes qui le composent. »

Nous devons dès maintenant, puisque notre étude est essentiellement philosophique, c'est-à-dire ayant pour but de conduire à l'origine des faits, rechercher les causes de cette conduite du ministère dans ses premiers jours ; nous donnerons à ce propos la clef de notre étude en montrant sous quel point de vue nous considérons et nous expliquons les choses ; nous pourrons après, un fait étant donné, remonter à sa cause, et nous éviterons ainsi de revenir sur nos pas en expliquant les événements à mesure qu'ils se présenteront à nos yeux.

Lorsque plusieurs ouvriers travaillent à faire fonctionner une machine, ou, ce qui revient au même, à produire une résultante unique, la machine ne marche qu'autant que chaque ouvrier travaille en vue de cette résultante. Telle est la *machine à gouverner ;* elle ne peut marcher qu'autant que chaque ouvrier y travaille en vue du même but. Nous connaissons déjà les intentions de l'Empereur et le double motif de ses actes. Lui seul peut donc déjà arrêter la marche de la machine ou la faire mal fonctionner. Mais il n'est pas le seul à mal travailler.

Il avait cru trouver dans le ministère Ollivier un docile instrument de ses volontés ; il n'en fut pas ainsi : il ignorait que celui-là même auquel il avait accordé le plus de confiance, et qu'il se proposait de gagner, était son plus redoutable ennemi, qui avait ses desseins pour le perdre, et qui, loin de se laisser gagner, ne manquerait pas de les accomplir.

Oui, Français, j'ose le proclamer bien haut, Ollivier ne monta point au pouvoir en traître, en déserteur de son parti : il y monta en martyre, s'immolant à ses convictions, à leur triomphe. Je me rappellerai toujours cette anecdote que j'avance en fait. Quelques jours après la formation du ministère, un de mes parents reçut la visite du marquis D...., que je nomme point crainte de lui déplaire, esprit honnête et libéral, ami intime du nouveau ministre. Quand on vint à parler de politique, «Nous touchons, nous dit-il, à la fin du drame, soyons heureux de l'arrivée d'Emile au pouvoir ; ce gaillard n'en descendra point sans y avoir rien fait.» Ces paroles d'un homme sincère, profondément judicieux et qui a toujours vécu dans la plus grande intimité avec son ami, ne laissèrent pas de m'étonner. Je ne pus cependant voir alors toute leur portée, partageant l'opinion, généralement admise, de ceux qui ne voyaient en Ollivier qu'un traître, qu'un déserteur. Plus tard, je fus assez heureux de pouvoir mieux les comprendre, et je vis alors que, par un acte de vertu, qu'il est presque impossible de croire, mais auquel cependant l'histoire saura un jour rendre justice et hommage, Emile Ollivier n'était monté au pouvoir que pour mieux défendre la liberté dont il s'était constitué le champion, résolu de ne reculer devant rien pour la faire triompher et pour conquérir à ses partisans leurs légitimes droits.

Dès son entrée dans la vie politique, il avait parfaitement vu et compris que la dynastie napoléonnienne ne descendrait que très-difficilement du trône, soutenue qu'elle y était par les campagnes encore enthousiasmées des souvenirs du premier Empire, et s'y soutenant elle-même par la ruse et les tromperies, et que le parti libéral ne triompherait jamais, car s'il n'est pas battu, victime de son honnêteté, il sera toujours trompé. Ne pouvant donc espérer de victoire par la force, il résolut d'employer lui aussi la ruse contre la ruse; la victoire sera au plus rusé. Prévoyant tout ce qui devait arriver, il modifie peu à peu la forme de ses idées tout en conservant au fond ses principes et ses convictions premières, se rapproche insensiblement du parti impérial, afin que, le moment venu où l'Empereur se verra forcé de céder aux exigences du parti libéral, les yeux se portent sur lui, le seul capable de conjurer la tempête, en établissant un trait d'union entre les deux partis adversaires.

Une lettre qu'il écrivait en 1858 à son père, nous montre avec quel œil de génie il savait prévoir les choses et avec quelle habileté il sut dès-lors tracer la conduite qu'il suivrait douze ans plus tard, pour ne surpendre personne, pour ne pas laisser en doute la sincérité de sa conversion. « Il n'est pas probable, dit-il, que l'Empereur fasse son acte additionnel, ce n'est cependant pas impossible; s'il reste dans son despotisme, rien n'est plus aisé que ma conduite; mais s'il se transforme, je suis obligé de l'aider. » Il ne préparait rien moins par ces paroles, que son entrée au ministère.

Le moment prévu où l'Empereur serait forcé de *s'arranger* avec le parti libéral arrivé, Napoléon choisit Émile Ollivier pour l'aider dans ses réformes libérales. Celui-ci était bien loin de croire au libéralisme de l'Empereur ; il n'était pas homme à se laisser tromper par une transformation si subite et d'ailleurs nécessaire ; mais il voit dans l'offre qui lui est faite une occasion d'appuyer son parti, peut-être de le faire triompher, une chance de salut lui est offerte, et si minime, si incertaine qu'elle fût quand il s'agit pour tout un peuple de la ruine du despotisme, du triomphe de la liberté, lui était-il permis de la repousser ? Et à quoi auraient alors abouti ces dix ans qu'il a employés à la faire naître ? Il se doit au pays, à sa cause ; il accepte résolument l'offre qui lui est faite, bravant le dur mépris dont ses partisans, ses amis, ne manqueront pas de le couvrir, ignorant ses intentions, son plan, qu'il n'a encore confiés qu'à lui-même. Mais sa tâche n'est point de celles qui rentrent dans le domaine des coups magiques. Il lui fallait un coup-d'œil, un calme, une fermeté et une volonté à un bien haut degré de perfection, qualités rarement réunies dans le cerveau humain pour jouer le double rôle de ministre et d'assassin, pour servir les intérêts de l'Empereur, afin de se maintenir au pouvoir, et préparer en même temps ses desseins qui sont de renverser l'Empire sans se compromettre, du moins avant de les avoir accomplis. N'importe, courageux et confiant jusqu'à la témérité, il monte hardiment au pouvoir en se posant pour règle de conduite cette théoric de désespoir : *Ne voir que le but, tout ce qui peut y mener est réputé moyen, et sous ce nom doit être employé ce que, dans d'autres temps, on rejetterait avec horreur.*

Voilà Emile Ollivier devenu un scélérat, puisqu'il monte au pouvoir après avoir juré la perte

de celui qui l'y appelle ; mais en saint scélérat,
puisqu'il a juré en même temps le triomphe d'une
cause sainte, de la liberté. N'avais-je pas raison
plus haut d'en faire un martyr ; n'est-ce pas là, en
effet, le vrai martyr de la foi républicaine ?

Je ne me dissimule point que beaucoup de
personnes auront de la peine à se faire à cette
idée. Elle n'est cependant que la fidèle expression
de la vérité des choses telles que je les ai com-
prises et non pas en me fondant sur un système,
sur des vues imaginaires, mais sur les explications
reçues plus tard de la personne dont je citais na-
guère les paroles qui commencèrent à m'illuminer.
D'ailleurs, pour voir par vous-même, lecteur, que
mes idées ne peuvent être complètement fausses,
vous n'avez qu'à étudier un instant avec moi la
conduite d'Ollivier au ministère ; en vous plaçant
à mon point de vue, vous serez étonné de la faci-
lité avec laquelle on se rend compte de beaucoup
de choses, qui seraient autrement tout-à-fait inex-
plicables, et nous savons cependant qu'en politique, surtout, tout fait a une cause qui, pour être
la plupart du temps cachée, n'en existe pas moins
dans les secrets de l'histoire ; la lumière que ma
façon de voir jette dans les événements sera évi-
demment une bonne preuve à l'appui de mes idées.

Ce n'est d'abord pas sans raison que, chargé de
la formation du ministère, Ollivier le composa des

éléments les plus divers, de représentants de tous les partis : c'est qu'il espérait par là cacher sa conduite, en attribuant aux inévitables dissidences de ces divers éléments les hésitations, les inconséquences qui ne seraient dues qu'à lui-même, lui la tête de ce tout qu'on appelait le ministère du 2 Janvier.

Il ne nous sera pas difficile maintenant de nous expliquer la conduite du ministère dans ses premiers jours, conduite qu'Ollivier espérait cacher, mais qui ne laissa pas cependant de causer au pays cette fiévreuse inquiétude dont nous avons parlé précédemment. Il eût été dangereux, en effet, pour le premier ministre (et c'est lui qui faisait tout au ministère), au début de son administration, de se prononcer catégoriquement pour un parti. Appelé pour l'union de deux adversaires, il ne pouvait en satisfaire aucun, car en satisfaire un, c'était s'aliéner l'autre, et nous savons qu'il ne pouvait s'en aliéner aucun, sans se voir menacé d'être précipité du pouvoir, où cependant l'intérêt de sa cause le force à rester.

Il ne pouvait, par conséquent, suivre une conduite autre que celle qu'il a suivie, puisque c'est la seule qui fut en harmonie avec sa situation.

Il ne put cependant conserver toujours cette neutralité, cette indifférence dans ses actes ; il dut se prononcer avec plus de netteté et de décision

quand survint la question des élections. La question
était, en effet, trop sérieuse pour y rester étranger.
Aussi le voyons-nous demander la dissolution de
cette vieille Chambre, et décliner pour le Gouvernement le droit d'intervenir dans les élections.
C'est là un fait important au point de vue sous
lequel nous considérons les choses. Qu'Ollivier
parvienne à faire agréer la dissolution du Corps
législatif et l'abolition des candidatures officielles,
il est fort probable que la majorité de la nouvelle
Chambre sera libérale, et alors, n'étant plus aban-
donné à ses seules ressources, il pourra travailler
avec plus d'assurance à la réalisation de ses projets.
Malheureusement il trouva partout une telle opposition, que, soutenir plus longtemps son projet,
tout important qu'il était, ç'aurait été un péril pour
lui et, partant, pour sa cause. Il dut donc céder;
mais nous ne devions pas, pour cela, laisser in-
aperçue dans cet acte une preuve aussi manifeste
de son attachement à la liberté et au parti libéral.

Pour satisfaire enfin aux vœux du pays, avide
de savoir quelle marche prendront les affaires,
après tant de troubles et d'incertitudes, l'Empereur
écrit au garde des sceaux pour le prier de faire
une nouvelle constitution à octroyer à la France.
Aux yeux de la nation, le but de cette constitution
était assurément de préciser les réformes libérales
qu'on allait lui accorder. Pour le Gouvernement,

elle en avait un bien différent, celui, disait le
le préambule, de rendre définitifs les progrès accomplis. Or, il lui était bien facile de préciser les
réformes libérales accomplies depuis 1852 ; il n'en
avait été fait aucune. Mais alors à quoi bon cette
constitution ? on ne peut préciser ce qui n'a pas
été fait, d'autre part on ne veut rien accorder.
Eh bien ! on va retrancher à ce qu'accordait celle
de 52, et c'est là le seul et véritable but de la nouvelle constitution : on accordera un pouce de terrain sur un point, pour en retrancher furtivement
un pied sur un autre. Je n'entrerai pas dans les
détails de cette constitution, mais je partagerai de
bon cœur l'avis de ce député de la gauche, disant
le jour où elle fut présentée aux Chambres, que
c'était le dernier effort du pouvoir personnel pour
se concentrer et se relever. Et d'ailleurs, n'est-ce
pas la mettre dans toute sa nudité, en disant que,
par cette particularité qu'un plébiscite, seulement
provocable par l'Empereur, pouvait la modifier,
elle était littéralement « sous clef, et la clef remise
à l'Empereur ? »

Examinons maintenant ici quelle a été la conduite d'Émile Ollivier. C'est lui qui a rédigé une
pareille constitution ; mais peut-il, dans son intérêt, dans l'intérêt de sa cause, refuser d'obéir ?
Il pouvait du moins, nous dira-t-on, la faire plus

libérale et ménager à son parti quelque refuge, arracher enfin à l'Empereur le plus de liberté possible. — Il m'est facile de répondre à cette objection. — Cette constitution devant être contrôlée par l'Empereur, par le Sénat, le Corps législatif, il y avait bien peu d'espoir qu'un article tant soit peu libéral pût trouver grâce devant tous ces hommes qui voyaient tout danger écarté, pour le moment, du côté du parti libéral assez satisfait, pensaient-ils, de sa présence au ministère. Aussi Ollivier fit-il cette constitution le plus despotique qu'il lui était possible de faire, satisfaisant ainsi le parti impérial, mais ouvrant en même temps les yeux au parti libéral, en lui montrant que c'était un progrès de despotisme et non de liberté qui s'accomplissait.

Le résultat prévu et poursuivi par Ollivier était obtenu. On ne tarda pas à voir, en effet, que cette nouvelle constitution était loin d'avoir le but qu'on était en droit de lui supposer. C'est d'abord à propos de l'injuste condamnation des compromis dans l'affaire d'Auteuil que l'opinion libérale fait éclater son mécontentement; mais elle doit se taire, parce que *là où la justice a passé il n'y a rien à dire.*

Une manifestation bien plus sérieuse, amenée aussi par le mécontentement qu'inspire le despotisme de cette constitution est patente pour le Gouvernement dans les grèves qui éclatent alors de tout côté. Cette fois on est bien obligé de reconnaître dans ces grèves un certain état de la société, état auquel on ne remédie point par un arrêt de haute cour.

Pour reléguer bien loin toutes ces manifestations et toutes les nouvelles menaces de la société libérale, l'Empereur veut donner à la nouvelle constitution, la sanction de la plus grande partie de la France, pour intimider l'autre, et la faire taire, si elle ne se tait point d'elle-même, une fois son appui sur la majorité reconnu et assuré. Il sait parfaitement que le parti libéral ne représente qu'une faible partie de la nation, la partie intelligente et éclairée, il est vrai, mais la plus petite en chiffre; aussi en appelle-t-il, sans hésitation aucune, à un plébiscite, commençant de bonne heure à user des droits qui viennent de lui être accordés.

Le ministère s'effraye de cette décision, l'édifice s'ébranle, et deux pierres tombent, ce sont Buffet et Daru. Ollivier, lui, reste, il n'a encore rien fait de ce qu'il veut faire. La constitution du 2 avril, ce nouveau blanc-seing donné au pouvoir, ce rajeûnissement de la politique dictatoriale, va être soumis à la sanction du plébiscite. D'abord opposé à cette détermination de l'Empereur, le ministère est bien forcé de céder. Emile Ollivier, quoique

sûr du triomphe de Napoléon, prêche encore un
instant la neutralité du Gouvernement dans le vote.
Il voit, en effet, dans cette ratification un danger
pour la constitution même; car le moindre chiffre
de non, d'abstentions, serait significatif pour le
Gouvernement; il marquerait son instabilité en lui
annonçant une suite de convulsions et de luttes
inévitables. Il aurait voulu grossir ce chiffre, et
réduire au minimum la majorité des oui, en dé-
clinant pour le Gouvernement cette intervention
qui a produit les résultats, que nous savons, au
sujet des candidatures officielles. Malheureusement
la délicatesse de la situation le forcent à s'arrêter
bien vite dans cette voie, et à fléchir devant la
constante et unanime volonté des pouvoirs (Empereur, Sénat, Corps législatif). Il en prend son
parti, et pour faire oublier ce moment d'opposition aux volontés impériales, lance dans toute la
France ses émouvantes circulaires; il va même le
soir du 8 mai manifester un anxieux doute sur le
résultat du vote; une joie effrénée le lendemain
quand il annoncera à son auguste souverain cette
étonnante majorité de six millions. Ce n'est pas
qu'il doute un instant du succès; mais il faut bien
faire quelque chose pour complaire au maître
qu'on veut assassiner, et se tenir dans ses bonnes
grâces jusqu'au moment où on le prendra au
piège.

Le résultat du plébiscite grâce à l'activité dévorante déployée par tous les fonctionnaires, depuis l'Empereur jusqu'au garde champêtre du plus humble village, et à la duplicité de la formule sous laquelle la question du vote était posée, fut décisif : il ne laissa rien à désirer.

Le plébiscite terminé, le peuple revient à ses affaires, les Chambres reprennent leurs discussions, le Gouvernement se remet à son œuvre de tous les jours, rien ne paraît changé à l'ancien régime. Rien n'est changé en effet, parce qu'on ne voulait rien changer. On a fait une révolution pour enregistrer dans les archives une constitution plus despotique que la précédente, afin de consolider Napoléon III sur le trône, en écartant habilement les dangers qui le menaçaient, et on la termine par le plébiscite, dont le but est de faire savoir que c'est bien l'empire et non la liberté qui a la main sur la *machine*.

Telle est la révolution de 1870 : je puis maintenant, en face des résultats auxquels elle a conduit, et après l'avoir étudiée très-rapidement dans sa marche, répéter ce que j'ai dit plus haut, sûr d'être mieux compris, à savoir : que *cette révolution a été faite par l'Empereur et pour l'Empereur*.

Il est temps de revenir au point le plus contesté de notre sujet, pour éviter le reproche qu'on nous ferait de l'avoir perdu de vue, dans les derniers événements de la première période de la révolution.

Ce devait être un homme d'état bien singulier qu'Emile Ollivier aux yeux de ceux qui, suivant le fil des affaires, cherchaient à pénétrer sa conduite, et qui, faute de le comprendre, en faisaient un politique à part. Après l'avoir vu rédiger la constitution du 20 avril, après l'avoir vu donner l'exemple de cette activité dévorante, déployée pour le plébiscite, on le voit maîtriser le Sénat, lui fermer la bouche le jour de l'Assemblée du Louvre (1). Puis, quand l'Empereur veut créer de nouveaux sénateurs, il propose d'en faire des sénateurs au rabais à 15,000 fr. par an. Le passage suivant extrait d'un article de M. Massade nous peint l'opinion du moment sur la conduite d'Emile Ollivier. « On a de la sympathie pour ce vaillant athlète de tribune, qui s'est trouvé être un jour le chef d'un grand mouvement libéral, mais en même temps, que M. le garde des sceaux ne s'y trompe pas, il inspire plus de goût que de confiance, on croit plus à son talent d'orateur qu'à la sûreté de son esprit, on est quelque peu déconcerté souvent par la légèreté avec

____

(1) Il empêcha M. Rouher, l'organe du Sénat, de prononcer son discours, lorsque la constitution du 20 avril fut présentée aux deux chambres.

laquelle il passe d'une révolution à l'autre. Désavouant un jour les candidatures officielles pour
demander le lendemain une activité dévorante,
tantôt excitant le parti conservateur à s'organiser,
tantôt désavouant les comités qui cherchent à se
fonder sur la foi de sa parole.» Il est évident que
les hésitations et souvent les inconséquences de
sa conduite donnaient à sa politique un caractère
de légèreté, inexplicable, quand on ne lui fait
pas jouer le rôle que nous lui avons assigné,
aussi les hommes d'esprit et de vue le peignent-
ils plutôt qu'ils ne le jugent.

Heureusement pour lui qu'en orateur habile,
il pouvait souvent cacher ou déguiser sa conduite, et que jouissant d'une bonne réputation,
il ne souffrait guère en définitive des méprises des
soupçons auxquels il pouvait donner lieu.

Pour nous qui le connaissons assez et toujours
mieux qu'on ne le connaissait alors, nous nous
expliquons parfaitement cette conduite d'hésitations, d'inconséquences, découlant tout naturellement de sa situation. A chaque instant, à chaque
occasion, il plaide pour son parti, le parti libéral;
mais en homme prudent, il s'arrête toujours à
la limite qu'il ne peut dépasser, sans s'exposer au
danger de se compromettre et de ruiner par conséquent sa cause.

Nous le voyons, au mois de juin, soutenir un

amendement autorisant la publicité des séances des conseils généraux : il échoue. Le lendemain, il appuie une interpellation d'un député de la gauche, M. Bethmont, demandant la liberté des réunions publiques, à la veille des élections des conseils d'arrondissement et de département. Il échoue encore, vaincu par la majorité de cette vieille Chambre, que l'Empereur a rassurée en lui disant que le vote du 8 mai avait affermi son pouvoir. Dans tous les événements de cette Révolution, nous trouvons des preuves évidentes de sa constante liaison au parti libéral, qu'il ne manque jamais d'appuyer, mais que l'intérêt de sa cause lui fait aussitôt abandonner. Nous en trouverons d'autres plus évidentes encore dans la seconde période de la Révolution qu'il nous reste à étudier.

Après le plébiscite, la Révolution semble complétement terminée ; elle l'est, en effet, pour la nation, pour l'Empereur ; tout est calmé, tout est revenu à son état normal, enfin tout est fini. Mais il n'en est pas ainsi pour Emile Ollivier. Il a vu, il a dû aider même une Révolution qui n'a abouti à rien autre qu'à tromper la nation pour consolider l'Empire. Devra-t-il maintenant descendre du pouvoir où il n'aurait été que pour affermir sur le trône impérial la dynastie qu'il voulait en précipiter ? Descendra-t-il sans avoir rien fait pour lui, après avoir tant fait pour *l'autre ?* Non :

Napoléon a fait sa révolution ; il va, lui, faire maintenant la sienne. Aussi appellerons-nous cette seconde période de la Révolution, du 8 mai au 4 septembre, la Révolution d'*Emile Ollivier*, puisqu'elle fut vraiment son œuvre.

II.

RÉVOLUTION D'ÉMILE OLLIVIER.

Jusqu'au plébiscite, le garde des sceaux avait cru pouvoir accomplir ses desseins, en se servant de son parti, dont il aurait tâché d'accroître la force, en lui faisant accorder des libertés, en lui prêtant son plus grand appui. Après le plébiscite, toute espérance lui est enlevée de ce côté ; il voit l'Empire mieux établi que jamais, le parti libéral affaibli, parce qu'il s'est laissé tromper et n'est pas encore revenu de son erreur. Attendre que celui-ci reprenne ses forces et puisse de nouveau en imposer, pour le faire agir, ce serait courir le danger de descendre du pouvoir sans y avoir rien fait ; car, supposé même que son parti redevienne puissant, est-il assuré qu'il ne se laissera point tromper encore ? Aussi se décide-t-il à agir seul, et à recourir à un autre moyen, moyen extrême, il est vrai, mais le seul qui lui reste.

Depuis longtemps l'Espagne, qui quêtait un roi à toute l'Europe, avait offert sa couronne au prince de Hoenzollern; de longues *trattatives* avaient eu lieu à ce sujet entre la famille royale et le général Prim; et la France n'en savait rien, ou, du moins, elle avait cru devoir fermer les yeux sur ce que les rapports de M. Benedetti, fondés sur les fausses assurances de M. de Bismark, avaient fait voir comme une *affaire arrangée*. Mais Ollivier, depuis son arrivée au ministère, suivait attentivement, en son particulier, la marche de cette politique espagno-prussienne, se faisant instruire de tout, par l'ambassadeur d'Espagne à la Cour de France, ou par une autre voie secrète; il voyait la possibilité d'une question de guerre, et il se gardait bien de l'éloigner, prévoyant qu'un jour, peut-être, il serait forcé de la faire servir à ses desseins. Cette prévision devint après le plébiscite une dure nécessité; en l'absence de tout autre moyen, pour arriver au but qu'il s'est proposé, force lui est d'accepter la guerre.

C'est donc par le moyen de la guerre qu'il va accomplir ses projets. En attendant l'occasion de pouvoir la faire éclater, il prépare les résultats qu'il veut en obtenir.

Interrogé, à propos du contingent militaire, sur la situation de l'Europe et sur les relations de la France à l'extérieur, alors que la Chambre se disposait à clore la session, il répondit avec un air de confiance capable d'en inspirer, que « le Gouvernement n'avait aucun sujet d'inquiétude, qu'à aucune époque le maintien de la paix en Europe n'avait été plus assuré. » Il veut cacher à la France la situation actuelle, pour lui faire passer, dans un doux sommeil, le temps qu'elle aurait employé à s'armer, si elle eût vu la possibilité de quelque conflit. Il veut la laisser prendre au dépourvu dans une guerre, où, par la nécessité des choses, elle sera infailliblement vaincue, afin de lui apprendre à devenir sage, par ses propres malheurs ; lui montrer l'œuvre du Gouvernement impérial ; lui faire voir qu'elle a été laissée, par une coupable politique, en arrière des autres nations ; qu'elle a été trompée sur tous les points, sur l'armement, sur le chiffre du contingent militaire, pour l'entretien desquels, cependant, des sommes immenses figuraient dans le budget, sommes qui étaient mieux employées à faire face aux folles dépenses de la Cour, à satisfaire la cupidité de quelques fonctionnaires, à acheter des piliers de l'Empire, alors que nos arsenaux étaient vides et que deux cent cinquante mille hommes seulement étaient sous les armes au lieu de cinq cent mille inscrits sur les registres, lui faire concevoir par là toute la haine que mérite un pareil Gouvernement et le lui faire renier.

Tel est le dessein poursuivi par Emile Ollivier depuis le plébiscite.

Le ministre savait parfaitement qu'en déclarant une guerre à la Prusse, la France serait tout-à-fait incapable de la soutenir dans les conditions où elle se trouvait ; mais il ne lui suffisait pas de savoir qu'elle serait défaite, il voulait avoir la certitude qu'elle le serait bien, espérant lui rendre la leçon plus profitable en la lui rendant plus dure.

Aussi, alors qu'il a devant lui la perspective de la guerre, qu'il saura toujours susciter en cas que les événements ne l'amènent point naturellement, après avoir inspiré la sérénité la plus complète en politique, il fait demander à la Chambre, de concert avec M. Lebœuf, ministre de la guerre, une diminution du contingent militaire.

M. Thiers, seul, fit sur ce point de l'opposition ; loin de vouloir diminuer l'effectif de l'armée, il aurait voulu l'accroître, pensant avec raison que nous n'avions pas à nous illusionner et à croire que nos forces avaient quelque chose d'extraordinaire, mais que nous devions voir que tout était changé en Europe, qu'au lieu des Etats italiens nous avions une Italie, qu'à la place d'une Allemagne fédérale, organisée pour la paix, nous avions une puissance militaire formidable, ayant à sa tête un homme qui disposait de 40 millions d'hommes. M. Thiers ignorait le complot d'Emile Ollivier ; il voulait bien croire à ses dépositions ; mais, avec son extrême bon sens et son œil de génie qui voit si bien les choses, il ne pouvait rester muet sur la situation actuelle. Son opposition, il était facile de le prévoir, ne fut guère écoutée par ces députés, qui, ayant leurs malles faites, et n'attendant que le moment de partir, s'en rapportaient volontiers, pour avoir plutôt fini, à la confiance et à la sérénité politique que prêchait le chef du ministère.

Moins d'une semaine après, la France était informée des longues et secrètes *trattatives* qui avaient eu lieu entre l'Espagne et la famille de Hœnzollern, et qui avaient abouti à une candidature officiellement acceptée, d'un prince allemand à la couronne d'Espagne.

La France ne pouvait rester muette sur un pareil fait et consentir à se laisser cerner du côté du Midi, par l'influence prussienne déjà si menaçante du côté du Nord. Elle aurait empêché le résultat de cette affaire, si on la lui avait dévoilée avant que tout fut terminé ; maintenant elle doit protester contre un fait accompli, au risque de s'engager dans une question épineuse. Les affaires ne prennent point cependant une mauvaise tournure : sur ses sommations on retire la candidature, et tout est terminé pour le mieux ; la guerre est écartée, tout le monde le voit, et tout le monde en est satisfait. Mais, nous le savons, ce n'est ni l'Empereur, ni la France qui règlent les événements de cette période de la Révolution, c'est Émile Ollivier. Celui-ci n'est point découragé par cette apparente solution de la question de la candidature; il connaît le sentiment public et la fièvre belliqueuse que ferait naître dans les esprits la pensée d'une guerre, devenue nécessaire, contre cette race germanique tant détestée; il voit, en un mot, la popularité de la guerre, dont il a fait un moyen pour arriver à son but; il peut, d'autre part, la faire agréer sans difficulté à l'Empereur, en le trompant par de faux rapports sur les forces militaires des deux nations, et en lui faisant entrevoir ainsi comme certains de nouveaux succès, de nouvelles conquêtes, qui, en rehaussant sa gloire et celle de la France, affermiront pour toujours sa dynastie sur le trône; le tout est de la susciter et de la montrer avec le caractère de la nécessité.

C'est juste au moment où tout le monde est satisfait du dénouement qu'a pris cette question de la candidature, qu'il va la faire naître, en faisant faire pour la France la puérile demande des garanties pour l'avenir. La Prusse ne pouvait pas lui en donner; car, qui est maître de l'avenir, surtout en politique? Et, du reste, l'aurait-elle pu, le devait-elle? N'avait-elle pas fait une réparation suffisante en retirant la candidature du prince de Hoenzollern, sur une simple demande? Le ministre insiste sur ce point, si bien qu'en fin de compte, le roi de Prusse refuse de recevoir l'ambassadeur de France, M. Benedetti, en lui signifiant, par un aide-de-camp, qu'il n'a plus rien à lui dire. C'est ce qu'il voulait ; il court alors à la Chambre criant à l'insulte, à l'outrage, disant que le Gouvernement, la nation entière est outragée, qu'il faut laver l'injure par une guerre. La déclaration est aussitôt soumise au vote. Avant de la voter, la Chambre demande si la nation est prête à faire la guerre : tous les ministres répondent d'une commune voix que tout est pour le mieux, qu'on pourrait faire la guerre pendant deux ans, sans qu'*il soit besoin d'acheter seulement un bouton de guêtre.*

La gauche fut un instant contre la guerre, et non pas par la prévision des nos défaites, mais bien par la crainte de la victoire, qui aurait été le plus grand affermissement donné à l'Empire. Mais la plus sérieuse opposition fut faite par M. Thiers, qui osa réclamer seulement vingt-quatre heures de temps pour montrer à la Chambre que la nation n'était pas prête à faire une guerre de cette importance. Que pouvait cette opposition contre les magnifiques dépositions des ministres de la marine, des finances, de la guerre, tous gagnés à l'idée d'Émile Ollivier, tous coalisés pour tromper, et soutenus par l'enthousiasme de la droite, de l'Empereur ?

La guerre est régulièrement votée et déclarée le 19 juillet, dix jours après que la France était intervenue dans la politique espagno-prussienne, quatre jours après que tout avait paru arrangé, et la paix de nouveau assurée, par le retrait de la candidature du prince de Hoenzollern.

Rien de si étonnant que la rapidité de ce coup de foudre : des années entières étaient employées autrefois en négociations diplomatiques, avant d'en venir à la déclaration de guerre ; cette fois, c'est en quatre jours qu'on passe de la paix la plus assurée à la guerre la plus sérieuse.

C'est là vraiment une chose inexplicable, il me semble, pour tous ceux qui n'adoptent pas notre point de vue. Tout le monde reconnaît parfaitement qu'une fois la candidature retirée, il n'y avait plus motif à une guerre, et qu'il a fallu nécessairement un parti pris pour la déclarer, surtout dans un si bref délai. Je déclare franchement que, pour ma part, je n'aurais jamais pu m'expliquer cet événement, sans considérer les choses comme je les ai considérées dans cette brochure.

Voilà la France engagée dans une guerre où elle sera inévitablement vaincue, et son Gouvernement conduit à sa ruine, car, aux yeux de la nation, tout vient de lui, quoi qu'il n'ait rien fait, et, vaincu, il payera, comme autrefois tant d'habiles

mais infortunés capitaines placés entre la victoire
et la mort, la peine de sa défaite : voilà où voulait
en venir Emile Ollivier. Nous disons que c'est par
un complot, et il ne pourrait en être autrement,
que la guerre a été déclarée, cette guerre qui doit
conduire le Gouvernement à sa chute ; eh bien !
serait-il permis de regarder l'auteur de ce complot,
cet homme qui a dû, pour le faire réussir, tromper
de la façon que nous avons vu, l'Empereur et son
entourage, serait-il permis, dis-je, de le regarder
comme un fidèle serviteur de l'Empire, de douter
un instant de ses convictions, de ne voir en lui
qu'un traître, un déserteur du parti libéral ? Je
n'invoque ici que la logique la plus rigoureuse.
Napoléon a été trompé, lorsqu'on lui a fait déclarer
la guerre, c'est un fait reconnu de tous. Par qui
et pourquoi l'a-t-il été ? Il est impossible de sortir
de ces questions sans se rallier à mes idées et sans
croire, comme moi, qu'Emile Ollivier a toujours
été libéral ; qu'ennemi juré du bonapartisme, il
n'est monté au ministère que pour le perdre en
trompant l'Empereur. Ollivier viendrait-il lui-même
se défendre de ces faits ? Je ne pourrais jamais le
croire, car il y a, dans la conduite d'un homme,
la logique de ses actes qu'il ne saurait désavouer.

La guerre déclarée, il n'y a plus qu'à en attendre
les résultats. Pour hâter le dénouement, il conseille
à l'Empereur de se mettre lui-même à la tête de

l'armée, afin, pense-t-il, de le faire prendre prisonnier dans quelque défaite, le sachant trop poltron pour se faire tuer.

Pour lui, il reste à Paris, et le jour où il recevra la nouvelle de la défaite de Sedan, de la captivité de l'Empereur, il se présentera au peuple pour lui dire : « Français, jusques à quand souffrirez-vous qu'on vienne vous annoncer vos défaites, vos revers, sans en demander la cause ? Vos malheurs, vous les devez à cet infâme Bonaparte, qui laissa la France dans le plus profond avilissement, le trésor public dans la plus extrême pénurie, en employant l'argent, gagné à la sueur de vos fronts, à satisfaire ses folies, à acheter de lâches courtisans ; c'est à sa coupable politique d'affaiblir la nation pour se soutenir lui-même au pouvoir, que vous devez tous vos revers ; et c'est un tel chef d'État que, par le plébiscite, vous avez voulu définitivement asseoir sur le trône ! Heureusement qu'il s'est trouvé un homme capable de défaire l'œuvre du plébiscite, un homme qui a juré, lui, la ruine de celui pour lequel la nation avait voté le trône. C'est cet homme qui, sûr de nos défaites présentes, a fait déclarer cette affreuse guerre pour vous faire ouvrir les yeux sur le triste état de la patrie et pour vous faire renier cet infâme Gouvernement. L'Empire vient de tomber à Sedan, citoyens ; ensevelissons-le pour toujours, en proclamant sur sa tombe la République française. Nous l'aurons payée, cette chère République ; mais à ce prix seul nous pouvions l'avoir. D'ailleurs, comme un peuple aujourd'hui florissant, qui sut, en moins de dix années, réparer, avec un tel Gouvernement, les désastres de plusieurs siècles de tyrannie et de guerre, nous saurons nous relever bientôt de nos pertes, et mettre la nation au rang qu'elle a toujours occupé. Mes frères, mes anciens républicains de la gauche, je ne vous ai point trahis, je vous ai sauvés : c'est moi qui suis l'auteur de cette guerre ; si vous me jugez digne de châtiment, sacrifiez-moi ; je ne saurais mieux mourir, après avoir fait choir l'Empire et donné la République à la France. » Voilà la fin du drame que m'avait annoncé le marquis D....

Ollivier ne resta pas au pouvoir pour y jouir du fruit de son œuvre, mais il n'arriva pas moins à son but, la chute de l'Empire, la proclamation de la République, qu'il a préparée, s'il n'a pas eu le plaisir de la proclamer lui-même.

Sans entrer ici dans de nouveaux détails, ne pourrions-nous pas voir dans l'avénement du ministère Palikao et l'éloignement d'Emile Ollivier, une preuve à l'appui de nos idées ? Je laisse au lecteur le soin de l'apprécier.

Malheureureusement, après le 4 septembre, la guerre n'avait pas cessé, et c'est là ce que m'ont toujours élevé en objection ceux qui ont essayé de me réfuter. Mais qu'est-ce ? Sans doute c'est Emile Ollivier qui a fait déclarer la guerre au 19 juillet 1870 ; mais il a compté sur la foi du Gouvernement prussien, assurant qu'il n'en voulait qu'au Gouvernement français. Ce Gouvernement tombé, si la guerre continue, il faut l'attribuer uniquement à la mauvaise foi prussienne ; Emile Ollivier ne peut pas savoir si le Gouvernement prussien violera sa parole.

Du reste, je ne crois pas que les désastres amenés par la continuation de la guerre nous aient été véritablement nuisibles ; j'oserais presque dire qu'ils nous étaient nécessaires ; car si tout avait été terminé au 4 septembre, Napoléon ne serait peut-être pas si loin du trône qu'il en est.

Les événements qui suivirent la proclamation de la République ne m'appartiennent pas ; il me suffisait de dire qu'ils ne doivent point être imputés à Émile Ollivier. D'ailleurs, au 4 septembre finit la Révolution (1) et, partant, ma tâche, la guerre

(1) Pour mon compte, je ne suis guère porté à admettre la Révolution de 1870-71 ; j'admets plutôt la révolution de 1870. C'est, qu'en effet, la *forme* de gouvernement que nous avons depuis le 4 septembre, c'est la forme républicaine, à laquelle

qui suivit cette époque n'ayant aucun rapport avec la Révolution.

Si nous osions maintenant jeter un regard rétrospectif sur les faits que nous venons d'esquisser à longs traits, nous verrions ce curieux spectacle d'une Révolution sans pareille : un monarque qui trompe une nation en inaugurant une ère de réformes libérales qu'il n'accomplit point, et qui, trompé à son tour, tombe victime d'un complot habilement ourdi ; considérée au point de vue de ses résultats, elle n'est que l'œuvre d'un seul homme, et c'est ce que j'ai voulu dire par le titre de cette brochure en donnant le nom de cet homme.

Telle que nous venons de l'exposer, cette Révolution de 1870 semble un véritable drame sorti du cerveau de quelque radoteur ; on croira peut-être que j'ai voulu faire du roman, et je n'ai fait cependant que de l'histoire. Ma manière de voir, pour quiconque approfondit les événements de cette Révolution, semble imposée par la logique des faits ; la lumière qu'elle jette sur les faits

rien n'a encore été changé ; de sorte qu'on peut parfaitement la considérer comme le résultat d'une révolution qui s'est terminée au 4 septembre.

même, n'est pas une petite preuve à son appui..
Mais ce n'est pas tout encore pour moi : si je
n'eusse eu que ces preuves, je n'aurais que le
mérite d'avancer un système. Le point de départ
de mes réflexions et la base de mes études sont
des faits incontestables, et non des hypothèses ; ce
sont des conversations que j'ai eues avec cette
personne qui me prédit, comme je l'ai fait voir
dans l'anecdote que j'ai rapportée, le résultat de
cette Révolution de 1870. Ma théorie, bâtie sur des
aveux d'une personne judicieuse, sincère, con-
naissant à fond Emile Ollivier, pourrait, il me
semble, par ces seules raisons, avoir quelque
chose de vrai. Du reste, quelques esprits, je suis
heureux de le constater, commencent à se faire à
ma manière de voir, si étrange qu'elle puisse
paraître aux autres, et un jour viendra où celui
dont j'ai esssayé d'indiquer le véritable rôle dans
cette Révolution, recevra de la France désabusée
le juste hommage dû à son mérite et à son dévoue-
ment trop longtemps méconnus.

Voilà mes convictions ; lecteur, à vous de les
juger.

10

www.ingramcontent.com/pod-product-compliance
Lightning Source LLC
Chambersburg PA
CBHW051730050726
47598CB00003B/1128